Simplified Japanese Grammar Workbook

Emphasizing Verbs and Adjectives

Second Edition

Naoko Hall

Hall Hamene Consulting, Inc.

Simplified Japanese Grammar Workbook

Emphasizing Verbs and Adjectives

Second Edition

Naoko Hall

Hall Hamene Consulting, Inc.

Copyright © 2010, 2009 by Naoko Hall.

Printed in the U.S.A.

All rights reserved. This book may not be reproduced in any way shape or form without express permission of the author and publisher.

Cover Design by Garland Hall

Published by Hall Hamene Consulting Inc.
3633 Kalsman Drive. Suite 2
Los Angeles, CA. 90016
Phone : (310) 836-1921
Fax : (310) 836-1921

ISBN-13 : 978-0-9706572-4-4

ISBN-10 : 0-9706572-4-2

About the author :

Naoko Hall has over 27 years teaching experience from elementary level to the university level. She is currently an adjunct Japanese language professor at Moorpark College and Pasadena City College in California, as well as numerous freelance consulting teaching assignments. She received her Master of Arts degree from Roosevelt University, Chicago, Illinois, U.S.A.. She is an author, publisher and has written three educational titles.

TABLE OF CONTENTS

About the author ——————————————— iii

Preface ——————————————————————— v

Acknowledgements ——————————————— vi

PART I : VERBS ————————— 1

PART II : い—ADJECTIVES ——— 45

PART III : な-ADJECTIVES ——— 69

PREFACE

The purpose of this SIMPLIFIED JAPANESE GRAMMAR WORKBOOK — Emphasizing Verbs and Adjectives — is to creat a proficiency in Japanese Language through exercises and drills at the intermediate level.

Also see the *STEP BY STEP HIRAGANA AND KATAKANA WORKBOOK by Naoko Hall which is a companion tool with this workbook.

I wish you great success in your future career.

December, 2010

Naoko Hall

Los Angeles,

California, U.S.A.

* STEP BY STEP HIRAGANA AND KATAKANA WORKBOOK
  — Mastering Basic Writing Characters " KANA "
  for Japanese Language Students — Second Edition
  Published by Hall Hamene Consulting Inc., 2010

  ISBN-13 : 978-0-97065722-0

  ISBN-10 : 0-9706572-2-6

ACKNOWLEDGEMENTS

I would like to show my appliciation to my family and especially my husband Garland Hall who constantly encourages me and is my mentor while writing this workbook.

I am also grateful to all my students who are taking my Japanese classes and inspring me and utilizing exercises from this workbook.

Your thoughts and valuable comments are more than welcome.

PART I

VERBS

Japanese Verb Conjugation Worksheet

DICTIONARY FORM VERB	English meaning	PLAIN				POLITE			
		Present		Past		Present		Past	
		Affirmative	Negative	Affirmative	Negative	Affirmative	Negative	Affirmative	Negative
た 食べる									
か 買う									
ま 待つ									
ね 寝る									
よ 読む									
はな 話す									
い 行く									
き 聞く									
か 書く									
み 見る									
ある									

Japanese Verb CONJUGATION Worksheet

DICTIONARY FORM VERB	English meaning	PLAIN				POLITE			
		Present		Past		Present		Past	
		Affirmative	Negative	Affirmative	Negative	Affirmative	Negative	Affirmative	Negative
泳ぐ									
言う									
飲む									
待つ									
帰る									
起きる									
入る									
出る									
終わる									
来る									
する									

Japanese Verb CONJUGATION Worksheet

DICTIONARY FORM VERB	English meaning	PLAIN					POLITE			
		Present		Past		Present		Past	
		Affirmative	Negative	Affirmative	Negative	Affirmative	Negative	Affirmative	Negative
いる									
はじまる 始まる									
あびる									
しぬ 死ぬ									
かかる									
いれる									
みせる 見せる									
のぼる 登る									
きる 切る									
うたう 歌う									
すむ 住む									

Japanese Verb CONJUGATION Worksheet

DICTIONARY FORM VERB	English meaning	PLAIN				POLITE			
		Present		Past		Present		Past	
		Affirmative	Negative	Affirmative	Negative	Affirmative	Negative	Affirmative	Negative
わかる									
き着る									
つく作る									
かける									
かぶる									
はく									
はたらく									
ふ吹く									
み見える									
あがる									
さがる									

Japanese Verb CONJUGATION Worksheet

DICTIONARY FORM VERB	English meaning	PLAIN				POLITE			
		Present		Past		Present		Past	
		Affirmative	Negative	Affirmative	Negative	Affirmative	Negative	Affirmative	Negative
ふと 太る									
やせる									
お 降りる									
の 乗る									
な 鳴く									
やす 休む									
あう									
ふ 降る									
た 立つ									
すわ 座る									
つか 使う									

Japanese Verb CONJUGATION Worksheet

DICTIONARY FORM VERB	English meaning	PLAIN					POLITE			
		Present		Past			Present		Past	
		Affirmative	Negative	Affirmative	Negative	Affirmative	Negative	Affirmative	Negative
歩く									
つとめる									
売る									
おしえる									
くもる									
おぼえる									
おもう									
晴れる									
あげる									
もらう									
呼ぶ									

Japanese Verb CONJUGATION Worksheet

DICTIONARY FORM VERB	English meaning	PLAIN				POLITE			
		Present		Past		Present		Past	
		Affirmative	Negative	Affirmative	Negative	Affirmative	Negative	Affirmative	Negative
あ開ける									
し閉める									
はし走る									
くりかえす									
と閉じる									
さが探す									
も持つ									
で出かける									
みがく									
あら洗う									
とる									

Japanese Verb CONJUGATION Worksheet

DICTONARY FORM VERB	English meaning	PLAIN				POLITE			
		Present		Past		Present		Past	
		Affirmative	Negative	Affirmative	Negative	Affirmative	Negative	Affirmative	Negative
やく 焼く									
にる									
いためる									
むす									
つつむ 包む									
こわす									
はらう 払う									
ぬう									
ぬぐ 脱ぐ									
わすれる 忘れる									
あつめる 集める									

Japanese Verb CONJUGATION Worksheet

Dictionary Form VERB	English meaning	ーて います (ing)	ても いいです (may)	ましょう (Let's)	でしょう (probably)	んです (It is that-)	かも しれ ません (might)	つもり (intend to-)	と思い ます (think)	とき (When)	そう です (I hear that-)	たこと が あります (have been)	たい です (want)	たら (If)	たり たり (do things like- and-)	ながら (While)
た 食べる																
か 書く																
み 見る																
お 起きる																
ね 寝る																

Japanese Verb CONJUGATION Worksheet

Dictionary Form VERB	English meaning	ています (ing)	てもいいです (may)	ましょう (Let's)	でしょう (probably)	んです (It is that~)	かもしれません (might)	つもり (intend to~)	と思います (think)	とき (When)	そうです (I hear that~)	たことがあります (have been)	たいです (want)	たら (If)	たりたり (do things like~ and~)	ながら (While)
読む																
飲む																
言う																
する																
来る																

Japanese Verb CONJUGATION Worksheet

Dictionary Form VERB	English meaning	ーて います (ing)	ても いいです (may)	ましょう (Let's)	でしょう (probably)	んです (It is that~)	かも しれ ません (might)	つもり (intend to~)	と思い ます (think)	とき (When)	そう です (I hear that~)	たこと あります (have been)	たい です (want)	たら (If)	たり たり (do things like~ and~)	ながら (While)
待つ																
おしえる																
聞く																
歌う																
始まる																

Japanese Verb CONJUGATION Worksheet

Dictionary Form VERB	English meaning	ーて います (ing)	ても いいです (may)	ましょう (Let's)	でしょう (probably)	んです (It is that~)	かも しれ ません (might)	つもり (intend to~)	と思い ます (think)	とき (When)	そう です (I hear that~)	たこと あります (have been)	たい です (want)	たら (If)	たり たり (do things like~ and~)	ながら (While)
お終わる																
あら 洗う																
で出かける																
みがく																
す住む																

13

Japanese Verb CONJUGATION Worksheet

Dictionary Form VERB	English meaning	ーて います (ing)	ても いいです (may)	ましょう (Let's)	でしょう (probably)	んです (It is that~)	かも しれません (might)	つもり (intend to~)	と思い ます (think)	とき (When)	そう です (I hear that~)	たこと があります (have been)	たい です (want)	たら (if)	たり たり (do things like- and~)	ながら (While)
やすむ 休む																
つかう 使う																
おりる 降りる																
あらう 洗う																
はしる 走る																

Japanese Verb CONJUGATION Worksheet

Dictionary Form VERB	English meaning	ーて います (ing)	ても いいです (may)	ましょう (Let's)	でしょう (probably)	んです (It is that-)	かも しれません (might)	つもり (intend to-)	と思い ます (think)	とき (When)	そう です (I hear that-)	たこと があります (have been)	たい です (want)	たら (if)	たり たり (do things like- and-)	ながら (While)
立つ																
座る																
売る																
行く																
かぶる																

Japanese Verb CONJUGATION Worksheet

Dictionary Form VERB	English meaning	ーて います (ing)	ても いいです (may)	ましょう (Let's)	でしょう (probably)	んです (It is that—)	かも しれ ません (might)	つもり (intend to—)	と思い ます (think)	とき (When)	そう です (I hear that—)	たこと が あります (have been)	たい です (want)	たら (If)	たり (do things like— and—)	ながら (While)
歩く																
わかる																
着る																
入る																
あける																

Japanese Verb CONJUGATION Worksheet

Dictionary Form VERB	English meaning	～ています (ing)	てもいいです (may)	ましょう (Let's)	でしょう (probably)	んです (It is that～)	かもしれません (might)	つもり (intend to～)	と思います (think)	とき (When)	そうです (I hear that～)	たことがあります (have been)	たいです (want)	たら (If)	たりたり (do things like～ and～)	ながら (While)
払う																
作る																
会う																
ゆでる																
あそぶ																

Japanese Verb CONJUGATION Worksheet

Dictionary Form VERB	English meaning	～て います (ing)	ても いいです (may)	ましょう (Let's)	でしょう (proba-bly)	ンです (It is that～)	かも しれ ません (might)	つもり (intend to～)	と思い ます (think)	とき (When)	そう です (I hear that～)	たこと があります (have been)	たい です (want)	たら (If)	たり たり (do things like- and-)	ながら (While)
もつ 持つ																
かえる 帰る																
みせる 見せる																
おぼえる																
のる																

Japanese Verb CONJUGATION Worksheet

Dictionary Form VERB	English meaning	ーて います (ing)	ても いいです (may)	ましょう (Let's)	でしょう (probably)	んです (It is that~)	かも しれ ません (might)	つもり (intend to~)	と思い ます (think)	とき (When)	そう です (I hear that~)	たこと が あります (have been)	たい です (want)	たら (If)	たり たり (do things like~ and~)	ながら (While)
のぼる																
はたらく																
あげる																
出る																
曇る																

れんしゅうもんだい （練習問題）
（EXERCISES）

日本語 (にほんご)

Write your FULL NAME in KATAKANA.

なまえ
（名前）
_____

Fill in the blanks with correct verbs. Use " て / で " form.
Follow the example.

(Ex.) あきらさんは、今 チーズ を <u>食べています</u>。
　　　　　　　　　　　　　　　　　is eating

1. ダグラスさんは、今 テレビ を _____。
　　　　　　　　　　　　　　　　　　　is watching

2. 川中（かわなか）さんの 青（あお）い 車（くるま）が、今 _____。
　　　　　　　　　　　　　　　　　　　　　　　is running

3. ホール先生（せんせい）は、今 日本語（にほんご）を _____。
　　　　　　　　　　　　　　　　　　　　　is teaching

4. いとうさんのお姉（ねえ）さんは、今 着物（きもの）を _____。
　　　　　　　　　　　　　　　　　　　　　　　is wearing

5. ウィリアムさんは、今 日本（にほん）の まんが を_____。
　　　　　　　　　　　　　　　　　　　　　　is reading

6. 高木（たかぎ）さんは、今 何（なに）を _____？
　　　　　　　　　　　　　　　　　is looking for

7. リーさんは、今 家（うち）で _____。
　　　　　　　　　　　　　　　　is resting

8. バートさんの お父（とう）さんは、今 _____。
　　　　　　　　　　　　　　　　　　　　is walking

にほんご
日本語   れんしゅうもんだい 〔練習問題〕   Write your FULL NAME
          （EXERCISES）   in KATAKANA.

                              なまえ
                             （名前）
                             _____

Read the sentences below and change them to the " てもいいです
(-MAY) " form. Follow the example.

(Ex.)   にほんご
        日本語 の てがみ を 書きます。
      — 日本語 の てがみ を 書いてもいいです。
        _____

1. 私 の へや の まど を あけます。
   —
   _____

2. あした 午前 九時 に でんわ を します。
   —
   _____

3. おいしい おちゃ を 「しょうぐんレストラン」で 飲みます。
   —
   _____

4. あした、午後 六時 に ロンドンに 帰ります。
   —
   _____

5. 来週 の 土曜日 にハンバーガーを 友だちと 作ります。
   —
   _____

6. ウールのセーターを 手で 洗います。
   —
   _____

7. 日本語 のしんぶんを 毎日 読みます。
   —
   _____

にほんご
日本語　　れんしゅうもんだい　〔練習問題〕　Write your FULL NAME
　　　　　（EXERCISES）　　　　　　　　　in KATAKANA.

　　　　　　　　　　　　　　　なまえ
　　　　　　　　　　　　　　　（名前）
　　　　　　　　　　　　　　　_____

Choose the correct words from the box below. You can use same
words many times. Provide the PROPER PARTICLES, then write them
down with a COMPLETE SENTENCE. Follow the example.

```
すし、　　　日本語、　　食べましょう。　　てがみ、　　学生、

まんが、　　書きましょう。　　あなた、　　うち、　　私、

ケーキ、　　すずき先生、　　飲みましょう。　　月曜日、

明日、　　帰りましょう。　　ときどき、　　読みましょう。　　アンさん、

行きましょう。　　いっしょに、　　おきなわ、　　水、　　ペプシ、
```

(Ex.) 私は、あなたと いっしょに まんがを 読みましょう。

< Complete sentence >

1. _____

2. _____

3. _____

4. _____

5. _____

6. _____

7. _____

にほんご
日本語

れんしゅうもんだい 〔練習問題〕
（EXERCISES）

Write your FULL NAME in KATAKANA.

なまえ
（名前）

_____

Match COLUM (A) with the correct expression in COLUM (B) as shown in the example.

(Ex.) よう子さんは、うたを ―――――╮

COLUM (A)   COLUM (B)

ひるごはんに　ピザを   おぼえるでしょう。

こんばん、シャワーを   かぶるでしょう。

チンさんは、ぼうしを   もらうでしょう。

ごぜんじゅういちじ
午前　十一時　に   ――うたうでしょう。

クリスマスプレゼント　を   はれるでしょう。

にほん
日本　の　きっさてんで   うるでしょう。

そら
あした、空が　きれいに   食べるでしょう。

しゅうまつ　わたし
週末、私　のくるまを   あびるでしょう。

たがわ　　　　　　　　ご
田川　さんは、スペイン語を   はたらくでしょう。

                                                 はじまるでしょう。

にほんご　　　　　　れんしゅうもんだい　〔練習問題〕
日本語　　　　　　　（EXERCISES）

Write your FULL NAME in KATAKANA.

なまえ
（名前）＿＿＿＿＿＿＿＿＿＿＿＿＿＿

Fill in the blanks with the "ーんです (It is that -)" form and correct verb chosen from the box below.

```
  よ                き
  読むんです。      聞くんです。      するんです。

                                      の
  あらうんです。   いるんです。      飲むんです。

                    はな
  さがすんです。   話すんです。      のるんです。

  はらうんです。
```

1. としょかん で 友(とも)だちとべんきょう ＿＿＿＿＿＿＿＿＿＿＿＿＿。

2. ジャクソンさん は、 ビール を ＿＿＿＿＿＿＿＿＿＿＿＿＿。

3. わたし
   私 の 赤(あか)い シャツ を ＿＿＿＿＿＿＿＿＿＿＿＿＿。

4. あきらさん は、くるまの ローン を＿＿＿＿＿＿＿＿＿＿＿＿＿。

5. クラシック の おんがく を ＿＿＿＿＿＿＿＿＿＿＿＿＿。

6. あした
   明日 ドイツ語 を ＿＿＿＿＿＿＿＿＿＿＿＿＿。

7. らいしゅう きんようび
   来週 の 金曜日 に タクシー に ＿＿＿＿＿＿＿＿＿＿＿＿＿。

8. ごろうさん は、 英語(えいご) の しんぶんを、＿＿＿＿＿＿＿＿＿＿＿＿＿。

9. ベッキーさん は、マクドナルド を、＿＿＿＿＿＿＿＿＿＿＿＿＿。

10. あの どうぶつえん に パンダ が ＿＿＿＿＿＿＿＿＿＿＿＿＿。

にほんご　　　　　　れんしゅうもんだい〔練習問題〕
日本語　　　　　　　（ＥＸＥＲＣＩＳＥＳ）

Write your FULL NAME in KATAKANA.

なまえ
(名前)

Translate the following sentences into ENGLISH.

1.　ひできさんは、日本のパスポートを見せるかもしれません。

（ Translation ）

___

2.　ゆかさんは、あしたのバースディパーティでワインを飲む
　　かもしれませんね。

（ Translation ）

___

3.　私は、ハワイで　おいしいくだものを食べるかもしれません。

（ Translation ）

___

4.　ジーンさんは、日本語のじゅぎょうであたらしいかんじを
　　おぼえるかもしれませんね。

（ Translation ）

___

5.　日本の 六月 は、 毎日　雨 がふるかもしれません。

（ Translation ）

6. 中山先生(なかやませんせい)は、ウィスコンシン 大学(だいがく)で 日本語(にほんご)を おしえるかもしれませんね。

   (Translation)

   _____

7. あした 空(そら)がはれるかもしれません。

   (Translation)

   _____

8. ジェリーさんは、アパートのかぎを わすれるかもしれません。

   (Translation)

   _____

日本語 にほんご　　れんしゅうもんだい　〔練習問題〕　なまえ(名前)
　　　　　　　（ＥＸＥＲＣＩＳＥＳ）

Write your FULL NAME in KATAKANA

Translate the following sentences into ENGLISH.
Use " つもり(intend to - / planning to - " form.

1. 田川(たがわ)さんは、明日(あした) 山(やま)に のぼるつもりです。

   (Translation)

2. ルーシーさんは、週末(しゅうまつ)にデートをするつもりですか。

   (Translation)

3. よしこさんは、こんばんえいがを見(み)るつもりです。

   (Translation)

4. たろうさんは、土曜日(どようび)に友(とも)だちの家(うち)に行(い)くつもりです。

   (Translation)

5. あなたは、クリスマスパーティにだれをよぶつもりですか。

   (Translation)

6. きたむら先生(せんせい)は、いつ日本のきものを買(か)うつもりですか。

   (Translation)

7. スーザンさんは、あさって あたらしいスカートを ぬうつもりです。

   (Translation)

にほんご
日本語   れんしゅうもんだい　〔練習問題〕
                    （EXERCISES）

Write your FULL NAME
in KATAKANA

なまえ
（名前）
_____

Read the sentences below and change them to the "-と思います(think)"
form. Follow the example.

(Ex.)
　　　メアリーさんは、明日　学生　に　英語　をおしえます。

　－　メアリーさんは、明日　学生　に　英語　をおしえると　思います。

---

1. よしこさんは、土曜日　に　お母さんとデパートへ　行きます。

2. カートさんは、日曜日　にミシェルさんとデートをします。

3. あきこさんは、週末　に　友だちとえいがを見ます。

4. 私は、明日　ジムのスイミングプールでおよぎます。

5. 日本語　のじゅぎょうは、今日　午後　三時　におわります。

6. いちろうさんは、ヴィクトリアさんと火曜日にとしょかんで
　　べんきょうします。

7. リーさんは、日本語とかんこく語と　中ごく語がわかります。

にほんご　　　　れんしゅうもんだい〔練習問題〕
日本語　　　　（EXERCISES）

　　　　　　　　　　　　　　　　　Write your FULL NAME
　　　　　　　　　　　　　　　　　in KATAKANA.

　　　　　　　　　　　なまえ
　　　　　　　　　　　（名前）
　　　　　　　　　　　————————————————————

Translate the following English sentences into Japanese.
Follow the example.

(Ex.)
　　　When I go to school, I will take my textbook.

　　　　わたし　　がっこう　　い　　　とき
　　　　私　は、学校　に　行く　時、　私のきょうかしょを　もって行きます。

———

1. When I read a Japanese magazine, I will use my Japanese dictionary.

2. When I meet my friend in Kyoto, I will take some pictures.

3. When I draw Japanese comics, I will use a pencil.

4. When Mr. Takagi eats "Sukiyaki", he will use chopsticks.

5. When my yanger brother washes his hands, he will use hand soap.

6. When I go to the language laboratory, I will take my flash drive.

7. When Mr. Yamada's father reads a newspaper, he will use his eye glasses.

にほんご　　れんしゅうもんだい〔練習問題〕　　　Write your Full NAME in KATAKANA
日本語　　（EXERCISES）　　　　　　　　なまえ
　　　　　　　　　　　　　　　　　　　　　　　（名前）
_____

Read the sentences below and change them to the " そうです
(＜I＞hear that-) " form.　Follow the example.

(Ex.)
　　チェンさんは、明日　きょうとに行きます。
　－　チェンさんは、明日　きょうとに行くそうです。
_____

1.　ゆみ子さんは、おおさかでたくさんしゃしんをとります。

_____

2.　マイクさんは、あのりっぱなくるまを買います。

_____

3.　あしたジェーンさんは、日本語のかんじのべんきょうをします。

_____

4.　青山さんは、日曜日に友だちとふじ山にのぼります。

_____

5.　ジャックさんは、水曜日にシカゴの家へかえります。

_____

6.　スージーさんは、明日　おふろに入ります。

_____

7.　山本さんは、週末　おいしいキムチを食べます。

_____

8.　ドロシーさんは、明日　友だちのゆか子さんにぎんざで会います。

_____

にほんご
日本語

れんしゅうもんだい 〔練習問題〕
(EXERCISES)

Write your FULL NAME in KATAKANA

なまえ
(名前)

_____

Translate the following sentences into JAPANESE.
Use "― たことがあります (Have <you> ever <been> ―" form.

1. Have you ever been to the zoo ?

   _____

2. Have you ever eaten Italian food ?

   _____

3. Has Mr. Kaneko ever spoken French ?

   _____

4. Has Professor Hirano ever been to Europe ?

   _____

5. Have you ever seen KUROSAWA's films ?

   _____

6. Has your older brother ever traveled to HOKKAIDO ?

   _____

7. Have you ever ridden on the bullet train in Japan ?

   _____

にほんご
日本語

れんしゅうもんだい (Exercises)　　　なまえ
(ーたい Form (want / wish))　　　（名前）

I. Polite present form.

verb (どうし) ———— < たい です。 / たいんです。>
れい (Example):
食(た)べたいです。 / 食べたいんです。

Questions: Change the following verbs to "ーたい form"

1. 見(み)る : (　　　　　) 　5. 飲(の)む : (　　　　　　　)
2. 歩(ある)く : (　　　　　) 　6. 作(つく)る : (　　　　　　　)
3. のる : (　　　　　) 　7. おきる : (　　　　　　　)
4. うたう : (　　　　　) 　8. きく : (　　　　　　　)

II. Polite Past form.

Verb (どうし) ——— <ーたかったです。>
れい (Example):
食べたかったです。

Questions: Change the following verbs to " たかった form"

1. 買(か)う : (　　　　　) 　5. べんきょうする : (　　　　　)
2. 聞(き)く : (　　　　　) 　6. 書(か)く : (　　　　　　　)
3. およぐ : (　　　　　) 　7. でかける : (　　　　　　　)
4. かえる : (　　　　　) 　8. 話(はな)す : (　　　　　　　)

III. Polite present negative form
    & Polite past negative form.

Polite present   Polite past
Negative form   Negative form
  (ーくありません / -くないです)   (ーくありませんでした / ーくなかったです)

れい (Example):   れい (Example):

食べたくありません。or   食べたくありませんでした or

食べたくないです。   たべたくなかったです。

Questions: Change the following verbs to the polite
           present negative form and the Polite past
           negative form.

               Polite present   Polite past
               negative form   negative form

1. のぼる   : (   )   (   )

2. 話(はな)す : (   )   (   )

3. あびる   : (   )   (   )

4. 行(い)く : (   )   (   )

5. ねる   : (   )   (   )

6. 出(で)かける: (   )   (   )

7. 買(か)う : (   )   (   )

8. する   : (   )   (   )

9. くる   : (   )   (   )

10. よぶ   : (   )   (   )

にほんご　　　　　れんしゅうもんだい　〔練習問題〕
日本語　　　　　　（EXERCISES）

Write your FULL NAME in KATAKANA.

なまえ
（名前）
_____

Read the sentences below and change them to the " たら (If) " form. Follow the example.

(Ex.) 私（わたし）は、日本に行く。　　友（とも）だちに会（あ）う。
　－ 私は、日本に行ったら、友だちに会う。

_____

1. 家（うち）に帰（かえ）る。　　　　晩（ばん）ごはんを食（た）べる。
　－

2. 朝（あさ）起（お）きる。　　　　　かおをあらう。
　－

3. 田中（たなか）さんが来（く）る。　　いっしょにえいがを見（み）る
　－

4. ロスアンゼルスにすむ。　　　　ミュージックセンターに行く。
　－

5. 古（ふる）いくるまをうる。　　　新（あたら）しいくるまを買（か）う。
　－

6. きょうしつに入（はい）る。　　　ドアをしめる。
　－

7. 日本語のたんごをわすれる。　　友（とも）だちといっしょにおぼえる。
　－

8. ひろしさんは、テニスをする。　　シャワーをあびる。
　－

9. バスにのる。　　　　　　　　しんじゅくのえきまで行く。

10. なごやではたらく。　　　　　私の母をよぶ。

11. やさいをいためる。　　　　　明日のパーティーにもって行く。

12. おなかがすく。　　　　　　　レストランに行く。

にほんご　　　　　　れんしゅうもんだい　〔練習問題〕　　Write your FULL NAME
日本語　　　　　　　　（EXERCISES）　　　　　　　　in KATAKANA
　　　　　　　　　　　　　　　　　　　　　なまえ
　　　　　　　　　　　　　　　　　　　　　（名前）
　　　　　　　　　　　　　　　　　　　　　_____

Make a coherent sentence from the words listed below.
Use "-たり-たり (do things like- and -)" form.
Follow the example.

(Ex.)　　　　します。　を、　えいが、　は、　あい子さん、
　　　　　　見たり、　おんがく、　聞いたり、　を、

　－　あい子さんは、　えいがを見たりおんがくを聞いたり
　　　します。

1. お母さん、　やきそば、　買いもの、　上田さん、　の、
   します。　を、　作ったり、　したり、　を、　は、

   －

2. は、　うたったり、　を、　私の、　うた、　で、　プール、
   兄、　します、　およいだり、

   －

3. ベティさん、　したり、　に、　行ったり、　を、　アルバイト、
   びじゅつかん、　は、　します。

   －

4. バースディパーティ、　を、　食べたり、　します。　ビール、
   の、　飲んだり、　で、　すし、　を、

   －

5. に、　クリスマス、　十二月、　プレゼント、　あげたり、　の、
   します。　を、　もらったり、　の、

   －

6. じろうさん、　に、　来なかったり、　の、　えい語、　来たり、　します。　は、　じゅぎょう、　の、　火曜日（かようび）、

—

7. テレビ、　弟（おとうと）　します。　見たり、　は、　コンピュータゲーム、　したり、　を、　私の、　を、

—

8. あらったり、　を、　かお、　みがいたり、　は、　を、　します。

—

9. かんじ、　します。　を、　おぼえたり、　を、　書いたり、　たんご、

—

10. ドア、　とじたり、　を、　します。　を、　まど、　あけたり、

—

11. ぼうし、　は、　かぶったり、　中山（なかやま）さん、　を、　きたり、　ジャケット、　します。　を、

—

12. はしったり、　と、　川田（かわだ）さん、　します。　土曜日（どようび）、　あるいたり、　は、　友（とも）だち、　に、

—

にほんご
日本語

れんしゅうもんだい〔練習問題〕
（EXERCISES）

Write your FULL NAME in KATAKANA.

なまえ
（名前）
_____

Fill in the blanks with correct verbs.
Use " ながら (while) " form. Follow the example.

(Ex.) わたし　いもうと　ほん　　　　　よ
　　　私 の 妹 は、本 を　__読みながら__　ジャズを
　　　　　　　　　　　　　　while reading
　　き
　　聞きます。

　　やまぐちせんせい
1. 山　口　先生　は、うたを _____ おいしいすしを
　　　　　　　　　　　　　　while singing
　つく
　作ります。

2. ヤングさんは、テレビを _____ コーラを飲みます。
　　　　　　　　　　　　　　while watching

3. 日本語のかんじを _____ おせんべいを食べます。
　　　　　　　　　　　while studting

4. 私のまどを _____ そらを見ます。
　　　　　　　　while opening

5. ホワンさんのお姉さんは、ニュースを_____
　　　　　　　　　　　　　　　　　　　　while listening
　おさらをあらいます。

6. リンさんは、冬のセーターを _____ 日本の
　　　　　　　　　　　　　　　　while washing
　うたを聞きます。

7. その学生は、友だちを _____ としょかんで
　　　　　　　　　　　　　while waiting
　しゅくだいをします。

8. けいたさんは、お母さんにてがみを _____
　　　　　　　　　　　　　　　　　　　　while writing
　カフェでおべんとうを食べます。

38

にほんご
日本語

れんしゅうもんだい〔練習問題〕
（EXERCISES）

Write your FULL NAME in KATAKANA

なまえ
（名前）
_____

Answer the following questions.

1. あなたは、たいてい昼ごはんに何を食べるんですか。

2. あなたは、家から学校までくるまで行きますか、バスで行きますか。

3. あなたは、いつ友だちとバスケットボールをしたいんですか。

4. あなたのご家族は、日曜日に何をするんですか。

5. あなたは、いつもどこで日本語のしゅくだいをしますか。

6. あなたのお父さんは、ときどき日本に行ったりニューヨークに行ったりしますか。

7. あなたは、日本のスーパーで何を買いたいんですか。

8. あなたは、たいてい 晩(ばん)ごはんを食べながら だれと 話(はな)しますか。

9. あなたは、夏休(なつやす)みに友(とも)だちとどんなえいがを見(み)るんですか。

10. あなたは、百万円(ひゃくまんえん)があったら何をするつもりですか。

にほんご
日本語

れんしゅうもんだい 〔練習問題〕
（EXERCISES）

Write your FULL NAME in KATAKANA.

なまえ
（名前）
_____

Read the passage below then write the answers.

まさ子さんは、毎朝　六時半　に　起きます。　そして
朝ごはん　の　前　にジョギングをします。ジョギングが　一番
好きです。ジョギングをしながらアメリカのポップミュージック
を聞きます。　その　後　シャワーをあびて、朝ごはん　を　食べます。
たいてい　朝ごはん　に　たまごやハムやバナナを食べて、それから
コーヒーとオレンジジュースを飲みます。　ときどき日本のおい
しいおちゃも飲みます。　朝ごはんを食べる　時、英語　の　新
聞　を読みます。　それから　東名　大学　へ　バスで行きます。
まさ子さんは、とても　元気　な　大学二年生　です。

1.　まさ子さんは、いつジョギングをしますか。

2.　ジョギングをしながら、何　をしますか。

3.　朝　ごはんに、何　をたべますか。

4.　いつ、シャワーをあびますか。

5.　朝ごはんに、ワインを飲みますか。

6.　コーヒーとオレンジジュースを、いつ飲みますか。

7. ときどき 何を飲みますか。

8. まさ子さんは、毎朝 七時 に起きますね。

9. いつ英語 の 新聞 を読みますか。

10. まさ子さんは、東名大学 の 何 年 生 ですか。

にほんご
日本語

れんしゅうもんだい 〔練習問題〕
(EXERCISES)

Write your FULL NAME in KATAKANA.

なまえ
(名前)

What is your schedule for NEXT WEEKEND ?
Use "つもり (intend to - / planning to -) " form.
Write at least 10 SENTENCES. Use KANJI as you
learned previous chapters.

にほんご
日本語

れんしゅうもんだい 〔練習問題〕
(EXERCISES)

Write your FULL NAME in KATAKANA.

なまえ
(名前)

_____

Write about your FUTURE GOALS in life.
Use " たい (want) " form. Write at least 10－12 sentences
Use KANJI as you learned previous chapters.

PART II

い-ADJECTIVES

Japanese i-Adjective Worksheet

DICTIONARY FORM i-ADJ.	English meaning	PLAIN				POLITE			
		Present		Past		Present		Past	
		Affirmative	Negative	Affirmative	Negative	Affirmative	Negative	Affirmative	Negative
あつい (暑い)	hot	あつい	あつくない	あつかった	あつくなかった	あついです	あつくないです or あつくありません	あつかったです	あつくなかったです or あつくありませんでした
さむい (寒い)									
おおきい (大きい)									
たかい (高い)									
ひくい (低い)									
おいしい									
あまい									
つめたい (冷たい)									
すずしい									
あかるい (明るい)									
* いい	good	いい	よくない	よかった	よくなかった	いいです	よくないです or よくありません	よかったです	よくなかったです or よくありませんでした

* "Irregular" - い adjective

46

Japanese i- Adjective Worksheet

DICTIONARY FORM i- ADJ.	English meaning	PLAIN				POLITE			
		Present		Past		Present		Past	
		Affirmative	Negative	Affirmative	Negative	Affirmative	Negative	Affirmative	Negative
かたい (固い)	hard	かたい	かたくない	かたかった	かたくなかった	かたいです	かたくないです or かたくありません	かたかったです	かたくなかったです or かたくありませんでした
かわいい									
まるい									
からい									
くらい (暗い)									
あたたかい									
ながい (長い)									
みじかい (短い)									
おおい (多い)									
すくない (少ない)									
はやい (早い)									

Japanese i- Adjective Worksheet

DICTIONARY FORM i- ADJ.	English meaning	PLAIN				POLITE			
		Present		Past		Present		Past	
		Affirmative	Negative	Affirmative	Negative	Affirmative	Negative	Affirmative	Negative
おそい (遅い)	slow	おそい	おそくない	おそかった	おそくなかった	おそいです	おそくないです or おそくありません	おそかったです	おそくなかったです or おそくありませんでした
わるい (悪い)									
にがい									
あたらしい (新しい)									
ふるい (古い)									
ちいさい (小さい)									
きいろい (黄色い)									
あかい (赤い)									
くろい (黒い)									
あおい (青い)									
しろい (白い)									

Japanese i- Adjective Worksheet

DICTIONARY FORM i-ADJ.	English meaning	PLAIN				POLITE			
		Present		Past		Present		Past	
		Affirmative	Negative	Affirmative	Negative	Affirmative	Negative	Affirmative	Negative
うれしい	happy	うれしい	うれしくない	うれしかった	うれしくなかった	うれしいです	うれしくないです or うれしくありません	うれしかったです	うれしくなかったです or うれしくありませんでした
ちゃいろい (茶色い)									
やわらかい									
たのしい (楽しい)									
うるさい									
きたない									
ひろい (広い)									
せまい									
まずしい									
やすい (安い)									
きびしい									

Japanese い-Adjective Worksheet

DICTIONARY FORM い-ADJ.	English meaning	PLAIN				POLITE			
		Present		Past		Present		Past	
		Affirmative	Negative	Affirmative	Negative	Affirmative	Negative	Affirmative	Negative
ちかい (近い)	near	ちかい	ちかくない	ちかかった	ちかくなかった	ちかいです	ちかくないです or ちかくありません	ちかかったです	ちかくなかったです or ちかくありませんでした
とおい (遠い)									
つまらない									
おもしろい									
つよい (強い)									
よわい (弱い)									
おもい (重い)									
かるい (軽い)									
さびしい									
むずかしい									
うすい									

Japanese i-Adjective Worksheet

DICTIONARY FORM i-ADJ.	English meaning	PLAIN				POLITE			
		Present		Past		Present		Past	
		Affirmative	Negative	Affirmative	Negative	Affirmative	Negative	Affirmative	Negative
うすい	thin	うすい	うすくない	うすかった	うすくなかった	うすいです	うすくないです or うすくありません	うすかったです	うすくなかったです or うすくありませんでした
わかい (若い)									
やさしい									
おかしい									
うつくしい (美しい)									
ひろい (広い)									
いそがしい (忙しい)									
すばらしい									
まずい									
おとなしい									
すっぱい									

Japanese i-Adjective Worksheet

DICTIONARY FORM i-ADJ.	English meaning	PLAIN				POLITE			
		Present		Past		Present		Past	
		Affirmative	Negative	Affirmative	Negative	Affirmative	Negative	Affirmative	Negative
ひどい	cruel	ひどい	ひどくない	ひどかった	ひどくなかった	ひどいです	ひどくないです or ひどくありません	ひどかったです	ひどくなかったです or ひどくありませんでした
ふとい (太い)									
かなしい									
しぶい									
こまかい									
いたい									
きつい									
ゆるい									
めずらしい									
たくましい									
すくない (少ない)									

Japanese i-Adjective Worksheet

DICTIONARY FORM i-ADJ.	English meaning	PLAIN				POLITE			
		Present		Past		Present		Past	
		Affirmative	Negative	Affirmative	Negative	Affirmative	Negative	Affirmative	Negative
はげしい	severe	はげしい	はげしくない	はげしかった	はげしくなかった	はげしいです	はげしくないです or はげしくありません	はげしかったです	はげしくなかったです or はげしくありませんでした
くやしい									
やかましい									
とぼしい (乏しい)									
しかくい (四角い)									
いとしい									
えらい									
ありがたい									
こゆい									
いちじるしい									
うるわしい									

にほんご
日本語

れんしゅうもんだい〔練習問題〕
（EXERCISES）

Write your FULL NAME in KATAKANA.

なまえ
（名前）
_____

Choose the correct "い-adjective of the polite present affirmative (-です)" form from the box below. Follow the example.

(Ex.) ハワイの夏(なつ)は、とても　　あつい　　です。

```
あまいです。    小さいです。    いそがしいです。

大きいです。    あついです。    くらいです。

とおいです。    ふるいです。    寒(さむ)いです。
```

1. グランドキャニオンは、_____。

2. 日本のおかしは、_____。

3. よしおさんのおじいさんのとけいは、_____。

4. この「かぶきレストラン」は、_____。

5. 春子(はるこ)さんのお母(かあ)さんはいつも_____。

6. 日本の二月(にがつ)はとても_____。

7. ホワイトさんのうちは、大学から_____。

8. あのへやは、でんきがないので_____。

にほんご
日本語

　　　　　れんしゅうもんだい　〔練習問題〕
　　　　　（EXERCISES）

　　　　　　　　　　　　　Write your FULL NAME
　　　　　　　　　　　　　　in KATAKANA
　　　　　　　　　　　　なまえ
　　　　　　　　　　　　（名前）
_____

Match together the LEFT COLUM with the RIGHT COLUMN.
See the example below.

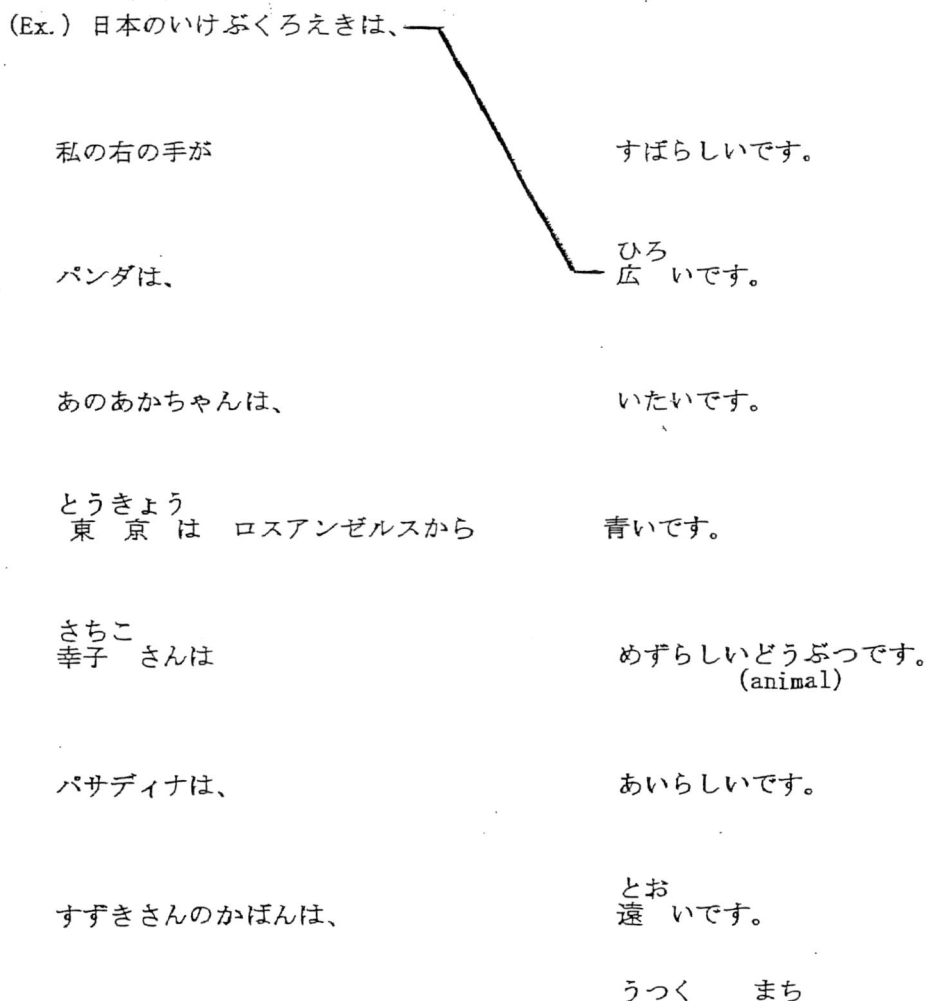

(Ex.) 日本のいけぶくろえきは、

私の右の手が　　　　　　　　　　　すばらしいです。

パンダは、　　　　　　　　　　　　ひろ
　　　　　　　　　　　　　　　　　広いです。

あのあかちゃんは、　　　　　　　　いたいです。

とうきょう
東　京　は　ロスアンゼルスから　　青いです。

さちこ
幸子　さんは　　　　　　　　　　　めずらしいどうぶつです。
　　　　　　　　　　　　　　　　　　　　（animal）

パサディナは、　　　　　　　　　　あいらしいです。

　　　　　　　　　　　　　　　　　とお
すずきさんのかばんは、　　　　　　遠いです。

　　　　　　　　　　　　　　　うつく　　まち
　　　　　　　　　　　　　　　美　しい　町　です。

にほんご　　　　れんしゅうもんだい〔練習問題〕
日本語　　　（EXERCISES）

Write your FULL NAME in KATAKANA.

なまえ
（名前）
_____

Answer the following questions with a Complete sentence in Japanese.

1. 今日は寒いですか、暑いですか。
_____

2. あなたの部屋は大きいですか、小さいですか。
_____

3. あなたの部屋のダイニングテーブルは、まるいですか、しかくいですか。
_____

4. 日本語のじゅぎょうは、やさしいですか、むずかしいですか。
_____

5. あなたの大学は、あなたの家から近いですか、遠いですか。
_____

6. カレーライスは、あまいですか、からいですか。
_____

7. 日本のふじ山は、日本で一番高い山ですか、ひくい山ですか。
_____

8. あなたのハロウィンパーティは、楽しいですか、つまらないですか。
_____

9. あなたの車は、新しいですか、古いですか。
_____

10. 日本のしんかんせんは、はやいですか、おそいですか。
_____

にほんご
日本語

れんしゅうもんだい〔練習問題〕
（EXERCISES）

Write your FULL NAME in KATAKANA.

なまえ
（名前）　_____

Rewrite the following sentences NEGATIVELY.
Follow the example. Write in a complete sentence.

(Ex.)　　きみ子さんは、いそがしいです。

－　きみ子さんは、いそがしくないです。

－　きみ子さんは、いそがしくありません。

1. この本は、新（あたら）しいです。

　－

　－

2. そのスープは、まずいです。

　－

　－

3. スペイン語（ご）は、やさしいです。

　－

　－

4. 本田（ほんだ）さんのとけいは、安（やす）いです。

　－

　－

5. ゆうびんきょくは、遠いです。

6. さぶろうさんのジャケットは、いいです。

7. 北川さんのかばんは、かるいです。

8. アイリーンさんは、おとなしいです。

9. 青木先生は、わかいです。

10. そのボールペンは、短いです。

にほんご
日本語

れんしゅうもんだい〔練習問題〕
（EXERCISES）

Write your FULL NAME in KATAKANA.

なまえ
（名前）
_____

Change the following sentences into the " Polite past affirmative (〜かったです。) " form. Follow the example.

(Ex.)

　　　あのえいがは、おもしろいです。

　− あのえいがは、おもしろかったです。
_____

1. ニューヨークのチーズケーキは、おいしいです。

　−

2. ブロードウェイのミュージカルは、すばらしいです。

　−

3. なおみさんの白いねこは、かわいいです。

　−

4. アラスカの秋（あき）は寒（さむ）いです。

　−

5. 日本のえいがは、いいです。

　−

6. たかはしさんのじしょは、小さいです。

　−

7. ボストンの冬（ふゆ）の水（みず）は、とても冷（つめ）たいです。

　−

8. ラスベガスのりょこうは、とても楽しいです。

   ―

9. 秋子さんの弟さんは、うるさいです。

   ―

10. このゆうえんちのジェットコースターは、はやいです。

    ―

にほんご
日本語

れんしゅうもんだい 〔練習問題〕
(EXERCISES)

Write your FULL NAME in KATAKANA

なまえ
(名前)
_____

Read the sentences below and change them to the " Polite past negative (くなかったです。/ くありませんでした。) " form. Write in a complete sentence. Follow the example.

(Ex.) この 川田(かわた)さんの 車(くるま)は、高(たか)かったです。

- この川田さんの車は、高くなかったです。
- この川田さんの車は、高くありませんでした。

_____

1. あの黒(くろ)い 犬(いぬ)は、おとなしかったです。

   -
   -
   _____

2. 「おおさか」レストランのさかなは、小(ちい)さかったです。

   -
   -
   _____

3. 日本語の単語(たんご)のテストは、むずかしかったです。

   -
   -
   _____

61

4. あのジャズコンサートは、めずらしかったです。

   ー

   ー

   _____

   みなみかわせんせい　せんしゅう　にちようび
5. 南川先生は、先週の日曜日とてもいそがしかったです。

   ー

   ー

   _____

6. ローズさんのおばあさんは、とてもきびしかったです。

   ー

   ー

   _____

にほんご
日本語

れんしゅうもんだい 〔練習問題〕
（EXERCISES）

Write your FULL NAME in KATAKANA.

なまえ
（名前）

Describe your room in 8 SENTENCES using "い-Adjectives". Use also KANJI and KATAKANA as you learned previously.

にほんご　　　　れんしゅうもんだい　〔練習問題〕
日本語　　　　　（EXERCISES）

Write your FULL NAME in KATAKANA.

なまえ
（名前）
_____

Make a coherent sentence from the words listed below.
Follow the example.

(Ex.)
　　　　は、　りょうり、　おいしい。　の、　日本、
－　日本のりょうりは、おいしい。
_____

　　あし　　　わたし
1. 足、　私、　が、　いたい。　の、
－
_____

　　　　　　　　　　　えいご
2. の、　じしょ、　英語、　たかい。　は、
－
_____

3. もちアイスクリーム、　とても、　は、　あまい。　その、
－
_____

4. は、　が、　いい。　あたま、　キムさん、
－
_____

　　はる　　　　　　　　　　　　　　　　　かぜ
5. 春、　は、　あたたかい、　風、　の、
－
_____

　　　　　　　　　たか
6. この、　は、　高い、　イヤリング、　とても、
－
_____

7. は、　あまい。　スイス、　この、　チョコレート、　の、
－
_____

にほんご
日本語

れんしゅうもんだい　〔練習問題〕
（EXERCISES）

Write your FULL NAME in KATAKANA.

なまえ
（名前）
_____

Make a coherent sentence from the words listed below.
Follow the example.

(Ex.)　すばらしかった。　あの、　は、　コンサート、

− あのコンサートは、すばらしかった。
_____

1. レモン、　とても、　は、　すっぱかった。　この、

　−
_____

2. 大学、　その、　大きかった。　は、　としょかん、　の、

　−
_____

3. は、　週末、　おじいさん、　よしださん、　あって、
　に、　うれしかった。

　−
_____

4. 秋、　の、　すずしかった、　日本、　は、、

　−
_____

5. レストラン、　高(たか)かった。　の、　すし、　あの、　は、

　−
_____

65

6. おもしろかった。　は、　の、　きのう、　えいが、

　　_____

7. は、　その、　犬(いぬ)、　おとなしかった。　茶色(ちゃいろ)い、

　　_____

8. 日本語、　やさしかった。　しゅくだい、　の、　は、

　　_____

9. 昨日(きのう)、　パーティー、　の、　つまらなかった、　は、

　　_____

10. とても、　は、　その、　やかましかった。　ジャズ、

　　_____

にほんご
日本語

れんしゅうもんだい 〔練習問題〕
(EXERCISES)

Write your FULL NAME in KATAKANA.

なまえ
(名前)
_____

Translate the following Japanese sentences into E N G L I S H (英語/えいご). Use the "Plain Past Negative (ーくなかった)" form. Follow the example.

(Ex.) あの女の人の家は、大きくなかった。

(Translation)

- That lady's house over there was not big.

---

1. 日本の夏は、すずしくなかった。

(Translation)

_____

2. あのどうぶつえんのきりんは、めずらしくなかった。

(Translation)

_____

3. 昨日のスパゲティーは、おいしくなかった。

(Translation)

_____

4. そのコンピュータゲームは、 おもしろくなかった。

(Translation)

_____

5. 私の週末は、楽しくなかった。
   (Translation)

   _____

6. ひろ子さんのたんごのテストは、よくなかった。
   (Translation)

   _____

7. むらやまさんのうでどけいは、安くなかった。
   (Translation)

   _____

8. ぎんざの「さかもとはくぶつかん」は、広くなかった。
   (Translation)

   _____

※ ※ ※ ※ ※

PART III

な - ADJECTIVES

Japanese NA-Adjective Worksheet

DICTIONARY FORM NA ADJ.	English meaning	PLAIN				POLITE			
		Present		Past		Present		Past	
		Affirmative	Negative	Affirmative	Negative	Affirmative	Negative	Affirmative	Negative
ひま	(spare time)	ひまだ	ひまじゃない/ひまではない	ひまだった	ひまじゃなかった or ひまではなかった	ひまです	ひまじゃないです/ひまではありません	ひまでした	ひまじゃなかったです or ひまではありませんでした
しずか (静か)									
にぎやか									
きれい									
ゆうめい (有名)									
りっぱ									
ていねい									
べんり (便利)									
たべん									
しんせつ (親切)									
げんき (元気)									

Japanese NA-Adjective Worksheet

DICTIONARY FORM NA ADJ.	English meaning	PLAIN				POLITE			
		Present		Past		Present		Past	
		Affirmative	Negative	Affirmative	Negative	Affirmative	Negative	Affirmative	Negative
だめ	(no good/hopeless)	だめだ	だめじゃない/だめではない	だめだった	だめじゃなかった/だめではなかった	だめです	だめじゃないです/だめではありません	だめでした	だめじゃなかった/だめor だめではありません でした
すき (好き)									
きらい									
しあわせ (幸せ)									
じょうず									
しつれい									
すてき									
たいへん (大変)									
いろいろ									
ざんねん									
たいせつ (大切)									

Japanese NA- Adjective Worksheet

DICTIONARY FORM NA ADJ.	English meaning	PLAIN				POLITE			
		Present		Past		Present		Past	
		Affirmative	Negative	Affirmative	Negative	Affirmative	Negative	Affirmative	Negative
〜な	(un-skillful)	〜だ	〜じゃない/〜ではない	〜だった	〜じゃなかった/〜ではなかった	〜です	〜じゃないです/〜ではありません	〜でした	〜じゃなかったです/〜ではありません でした
じょうず									
ハンサム									
あんぜん (安全)									
だいじょうぶ									
かんたん									
さわやか									
じょうひん (上品)									
せいじつ									
かんよう (寛容)									
エレガント									

Japanese NA- Adjective Worksheet

DICTIONARY FORM NA ADJ.	English meaning	PLAIN				POLITE			
		Present		Past		Present		Past	
		Affirmative	Negative	Affirmative	Negative	Affirmative	Negative	Affirmative	Negative
いや (嫌)	(disagreeable)	いやだ	いやじゃない / いやではない	いやだった	いやじゃなかった or いやではなかった	いやです	いやじゃないです / いやではありません	いやでした	いやじゃなかったです or いやではありませんでした
ふくざつ									
スマート									
おだやか									
ようき (陽気)									
いんき (陰気)									
にがて									
とくい (得意)									
だいじ (大事)									
とうめい									
りゅうちょう									

Japanese — NA- Adjective Worksheet

DICTIONARY FORM NA ADJ.	English meaning	PLAIN				POLITE			
		Present		Past		Present		Past	
		Affirmative	Negative	Affirmative	Negative	Affirmative	Negative	Affirmative	Negative
しみ	(quiet colors)	しみだ	しみじゃない/しみではない	しみだった	しみじゃなかった or しみではなかった	しみです	しみじゃないです/しみではありません	しみでした	しみじゃなかったです or しみではありませんでした
じゅうじゅん (従順)									
まじめ									
でんとうてき (伝統的)									
ふあん (不安)									
なめらか									
きようれつ									
せんめい									
ほうふ									
しべって									
たいしょうてき									

74

Japanese NA-Adjective Worksheet

DICTIONARY FORM NA ADJ.	English meaning	PLAIN				POLITE			
		Present		Past		Present		Past	
		Affirmative	Negative	Affirmative	Negative	Affirmative	Negative	Affirmative	Negative
むだ	(waste)	むだだ	むだじゃない/むだではない	むだだった	むだじゃなかった or むだではなかった	むだです	むだじゃないです/むだではありません	むだでした	むだじゃなかったです or むだではありませんでした
のうりつてき									
ゆうしゅう									
かくじつ									
ぐたいてき (具体的)									
めんどう									
たっしゃ									
ねっしん									
てきとう									
へいぼん (平凡)									
れいせい									

Japanese NA- Adjective Worksheet

DICTIONARY FORM NA ADJ.	English meaning	PLAIN				POLITE			
		Present		Past		Present		Past	
		Affirmative	Negative	Affirmative	Negative	Affirmative	Negative	Affirmative	Negative
はで	(gaudy)	はでだ	はでじゃない/はでではない	はでだった	はでじゃなかった or はでではなかった	はでです	はでじゃないです/はでではありません	はででした	はでじゃなかったです/はでではありませんでした
かんけつ									
さまざま									
じゅうよう (重要)									
てごろ									
そうとう									
もはんてき									
へいき (平気)									
てきせつ									
げんかく (厳格)									
かんじん									

Japanese NA- Adjective Worksheet

DICTIONARY FORM NA ADJ.	English meaning	PLAIN				POLITE			
		Present		Past		Present		Past	
		Affirmative	Negative	Affirmative	Negative	Affirmative	Negative	Affirmative	Negative
～ん (変)	(strange)	～んだ	～んじゃない / ～んではない	～んだった	～んじゃなかった / ～んではなかった	～んです	～んじゃないです / ～んではありません	～んでした	～んじゃなかったです or ～んではありませんでした
はなやか									
こうみょう									
けっこう									
しなやか									
たんてき									
ふしぎ									
すなお									
じゅうなん									
びんしょう									
さかん									

にほんご
日本語

れんしゅうもんだい　〔練習問題〕
（EXERCISES）

Write your FULL NAME in KATAKANA

なまえ
（名前）
_____

Answer the following questions in Japanese as shown in the example below. Write in a complete sentence.

(Ex.)

　　　　中川先生は、どんな先生ですか。　（　ゆうめい　）

　－　中川先生は、ゆうめいな先生です。
_____

1.　あなたの友だちは、どんな人ですか。　（　しんせつ　）

　－
　　_____

2.　ジェニファーさんの家は、どんな家ですか。　（　りっぱ　）

　－
　　_____

3.　日本の東京大学は、どんな大学ですか。　（　もはんてき　）
　　　　とうきょう

　－
　　_____

4.　フィリップさんは、どんな学生ですか　（　ハンサム　）

　－
　　_____

5.　ますださんのおじいさんは、どんなおじいさんですか。

　－　　　　　　　　　　　　　　　　（　しょうじき　）

　　_____

6. 春子(はる)さんのメールは、どんなメールですか。（ ふくざつ ）

　→ _____

7. さかもとさんは、どんな会社員(かいしゃいん)ですか。（ ゆうしゅう ）

　→ _____

8. あの大きいぎんこうのとなりのたてものは、どんな
　 たてものですか。
　　　　　　　　　　　　　　　　　（ あんぜん ）

　→ _____

9. じろうさんのご両親(りょうしん)は、どんなご両親ですか。
　　　　　　　　　　　　　　　　　（ まじめ ）

　→ _____

10. ゆりえさんの音楽(おんがく)の先生は、どんな先生ですか。（ すてき ）

　→ _____

にほんご
日本語

れんしゅうもんだい 〔練習問題〕
(EXERCISES)

Write your FULL NAME in KATAKANA

なまえ
(名前)
_____

Choose the correct words from the box below.
Follow the example.

しあわせな人、　　べんりな車、　　きれいなアパート

はでなデザイン　　りっぱな先生　　ようきな学生

いんきな天気　　　でんとうてきなまつり

りゅうちょうな日本語　　だいじなミーティング

とくべつな　おちゃ

(Ex.)

シカゴ大学の木村先生は、　りっぱな先生です。
　　　　　　　　　　　　　―――――――――
　　　　　　　　　　　　　(a great professor)

1. 田中さんは、_____ にすんでいます。
   　　　　　　(beautiful apartment)

2. バービィさんは、_____ です。
   　　　　　　　　(a cheerful student)

3. 雪子さんは、_____ をもっています。
   　　　　　　 (various jackets   )

4. デュークさんは、_____ を話します。
   　　　　　　　　(fluent Japanese   )

5. 北川先生は、明日の朝、_____ があります。
   　　　　　　　　　　　 (an important meeting)

にほんご
日本語

れんしゅうもんだい 〔練習問題〕
（EXERCISES）

Write your FULL NAME in KATAKANA

なまえ
（名前）
_____

Rearrange the words so they become coherent sentences.
Follow the example.

(Ex.)

な、 家、 は、 りっぱ、 です、 「ホワイトハウス」、

- 「ホワイトハウス」 は、りっぱな家です。

_____

1. 私、 犬、 うるさい、 は、 です、 とても、 の、

   -
_____

2. は、 しょうじき、 チャクさん、 な、 です。 アメリカ人、

_____

3. さち子さん、 すなおな、 は、 です。 学生、

   -
_____

4. ひでのりさん、 あります、 お兄さん、 たいせつ、 は、
   が、 の、 な、 ミーティング、

   -
_____

81

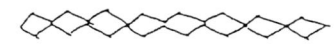

5. ひこうき、　な、　です、　のりもの、　べんり、　は、

---

6. です。　テニス、　とくい、　スポーツ、　よし子さん、
   な、　は、　の、

---

7. は、　食べ物、　月見うどん、　の、　好き、　スーさん、
   です。　な、

にほんご
日本語

れんしゅうもんだい 〔練習問題〕
（EXERCISES）

Write your FULL NAME in KATAKANA

なまえ
（名前）
_____

Translate the following sentences into Japanese.
Use the " Polite present negative （じゃありません / ではありません）" form. Follow the example.
Write in a complete sentence.

(Ex.)

　　That little boy is not being quiet.

　(Translation)

　── あの男の子は、しずかじゃありません。

　── あの男の子は、しずかではありません。

_____

1. My strong subject is not history.

　(Translation)

　─

　─
_____

2. Mr. Hayashi's personality is not enthusiastic.

　(Translation)

　─

　─
_____

3. My trip to France in Summer is not special.

　(Translation)

　─

　─
_____

4. This book's dialogue is not appropriate.
   (Translation)

   ー

   ー

   _____

5. The man walking in the park is not handsome.
   (Translation)

   ー

   ー

   _____

6. Ms. Tamaki's birthday party is not lively.
   (Translation)

   ー

   ー

   _____

7. The weather in Canada in December is not very gentle.
   (Translation)

   ー

   ー

   _____

***   ***   ***   ***   ***   ***   ***

にほんご
日本語

れんしゅうもんだい　〔練習問題〕
（EXERCISES）

Write your Full NAME in KATAKANA

なまえ
（名前）

Change the following sentences into the "Polite past affirmative (でした) " form. Follow the example.

(Ex.)

　私の友だちのゆりさんは、しんせつです。

－　私の友だちのゆりさんは、しんせつでした。

1.　いくおさんは、とてもすなおです。

2.　シンシアさんのブラウスは、じみです。

3.　私の妹は、毎日げんきです。

4.　よしださんは、ビールを飲むのがにがてです。

5.　私の父の車をうんてんするのは、だめです。

6.　明日のテストは、だいじょうぶです。

7.　リンダさんは、ピアノがへたです。

85

にほんご　　　　　　れんしゅうもんだい〔練習問題〕
日本語　　　　　　　（EXERCISES）

Write your FULL NAME in KATAKANA.

なまえ
（名前）

Read the sentences below and change them to the "Polite past negative (じゃありませんでした / ではありませんでした) " form. Follow the example. Write in a complete sentence.

(Ex.)　あかねさんのアパートのとなりは、しずかです。

— あかねさんのアパートのとなりは、しずかじゃありませんでした。

— あかねさんのアパートのとなりは、しずかではありませんでした。

1. 私の大学のラボは、のうりつてきです。

—

—

2. あの「　ふじレストラン　」のアイスクリームは、ゆうめいです。

—

—

3. 日本の「　くらもとはくぶつかん　」は、りっぱです。

—

—

　　　いしかわこうこう
4. 石川高校の　かねださんは、カラオケがへたです。

—

—

　　　　　　おんな
5. えーと、あの　女　の人は、エレガントですね。

—

—

6. すうがくとぶつりがくのテストは、かんたんです。

—

—

7. チェルシーさんの青い車は、いつもだいじょうぶです。

—

—

にほんご
日本語

れんしゅうもんだい 〔練習問題〕
（EXERCISES）

Write your FULL NAME in KATAKANA.

なまえ
（名前）
_____

Match together the l e f t c o l u m n with the
r i g h t c o l u m n. See the example below.

(Ex.)
　　　あした
　　明日のたんごのしけんは、────┐

メアリーさんは、ピアノが　　　　　　　はでだ。

スミスさんは、ケーキが　　　　　　　　きれいだ。

ブラウンさん　　　　　　　　　　　　　せいじつだ。

友だちのよしこさんは、　　　　　　└─だいじょうぶだ。

あの家のにわは、　　　　　　　　　　　ゆうめいだ。

私の大学は、　　　　　　　　　　　　　好きだ。

このぶんぷうは、　　　　　　　　　　　ひまだ。

よう子さんのコートは、　　　　　　　　ふくざつだ。

　　　　　　　　　　　　　　　　　　　じょうずだ。

にほんご　　　れんしゅうもんだい　〔練習問題〕
日本語　　　　（EXERCISES）

Write your FULL NAME in KATAKANA.

なまえ
（名前）
_____

Read the sentences below and change them to the " Plain present negative (じゃない / ではない) " form. Follow the example. Write in a complete sentence.

(Ex.)
　　　　あの男の人は、　しずかだ。
　－　あの男の人は、　しずかじゃない。
　－　あの男の人は、　しずかではない。

1. このギターは、りっぱだ。
　－
　－

2. スーさんは、] 毎日ひまだ。
　－
　－

3. りゅうたさんは、ゴルフがきらいだ。
　－
　－

4. このカフェは、しずかだ。
　－
　－

5. 夏子さんは、スマートだ。
　－
　－

6. この青いくるまは、だいじょうぶだ。
　－
　－

7. ゆう子さんは、りょうりがへたです。
　－
　－

にほんご
日本語

れんしゅうもんだい〔練習問題〕
（EXERCISES）

Write your FULL NAME in KATAKANA.

なまえ
（名前）
_____

Rewrite the following sentences in their "Plain past affirmative (-だった)" form. Follow the example.

(Ex.)

あの人は、すてきな人だ。
- あの人は、すてきな人だった。

1. ちゅうかりょうりは、私の好きな食べものだ。

_____

2. あの女の子のアクセサリーは、はなやかなデザインだ。

_____

3. けいたさんのコンピュータは、のうりつてきなコンピュータだ。

_____

4. あの男の人は、とてもしつれいな人だ。

_____

5. プリンストン大学のよしかわ先生は、ねっしんな先生だ。

_____

6. りんごは、ベッキーさんのきらいなくだものだ。

_____

7. すいえいは、ジョージさんのとくいなスポーツだ。

_____

にほんご
日本語

れんしゅうもんだい 〔練習問題〕
(EXERCISES)

Write your FULL NAME in KATAKANA.

なまえ
(名前) _____

Translate the following English sentences into Japanese.
Use the " Plain past negative (じゃなかった / ではなかった) "
form. Write in a complete sentence. Follow the example.

(Ex.)
    Mr. Kuroda was not honest.

  (Translation)
    くろだ
- 黒田さんは、 しょうじきじゃなかった。
- 黒田さんは、 しょうじきではなかった。

---

1. This old bicycle was not safe.

   -
   -

2. That little flower near my house was not pretty.

   -
   -

3. That college's library was not quiet.

   -
   -

4. Ms. Yamakawa's health was not good last week.

   -
   -

5. That hospital's building painted white was not aplendid.

   —

   —

6. That convenience store over there was not famous.

   —

   —

にほんご
日本語

れんしゅうもんだい 〔練習問題〕
(EXERCISES)

Write your FULL NAME IN KATAKANA.

なまえ
(名前)

Describe your house / apartment in 10 sentences using "い-Adjectives and な-Adjectives". Use also KANJI and KATAKANA as you learned previously.

にほんご
日本語

れんしゅうもんだい 〔練習問題〕
（EXERCISES）

Write your FULL NAME in KATAKANA.

なまえ
（名前）　_____

You will write a letter to your friend who lives in Japan. Describe about your school, classes, favorite sports and foods. Write at least 10－12 sentences using "い-Adjectives and な-Adjectives". Use also KATAKANA and KANJI as you learned previously. Write your letter as neatly and legibly as possible.

にほんご
日本語

れんしゅうもんだい〔練習問題〕
(EXERCISES)

Write your FULL NAME in KATAKANA

なまえ
(名前)
_____

Write about Japanese culture how its affected you.
Use an good example of Japanese animation (まんが), painting (絵画 かいが), ceramics (とうじき), calligraphy (書道 しょどう), flower arrangement (生け花 い ばな), the tea ceremony (茶の湯/茶道〔ちゃどう / さどう〕), KABUKI (かぶき), music (音楽), etc.
Write an essay compose of 15 Sentences in Japanese (日本語). Write an essay as neatly and legibly as possible.

" Your success and happiness lie in you "
— Helen Keller —